Lernquiz 2

Einfache Rätselübungen

für den Deutsch- oder DaZ-Unterricht

Gisela Darrah

Herstellung und Verlag:
BoD - Books on Demand, Norderstedt
ISBN 978-3-7386-1576-0

Inhaltsverzeichnis

1	Welche Buchstaben passen hier? Umlaute, Diphthonge, ss-ß, Dehnung durch ie	4
2.	Welches Adjektiv passt? Wortbedeutung erfassen	9
3.	Welche Satzteile passen zusammen? Richtig lesen, richtig kombinieren	14
4.	Bilde Komposita. Richtig lesen, richtig kombinieren	19
5.	Welches Wort passt? Setze ein. Wortbedeutung verstehen, im Zusammenhang einpassen	24
6.	Ein Wort im Satz ist zu viel. Zusammenhang verstehen.	29
7.	Welches Wort klingt so ähnlich? Schreibe das Reimwort. Gleichklang erkennen	34
8	Lösungen	40
9	Zielgruppen, Einsatz im Unterricht	46

Welche Buchstaben passen hier?
Umlaute: ä - ö - ü - Ä - Ö - Ü

1

1. Mama n _ ht ein sch _ nes Kleid.

2. Es ist gef _ hrlich, in der N _ he eines L _ wen zu sein.

3. Ich esse gern gr _ ne _pfel.

4. Du bekommst eine _ berraschung.

5. Der J _ ger ist im gr _ nen Wald.

6. Sind deine Kinder M _ dchen oder Jungen?

7. Ich habe zwei S _ hne und zwei T _ chter.

8. Eine T _ te Gummib _ rchen bitte!

9. Wir gehen auf der Br _ cke _ ber den Fluss.

10. Ali f _ hrt nach K _ ln.

11. Viele Gr _ ße an dein T _ chterchen!

12. Ich lese gern B _ cher.

13. Emma n _ ht mit der N _ hmaschine ein Kleid.

14. D _ rfen wir schon nach Hause gehen?

15. Alle m _ ssen jetzt schreiben.

16. Ich habe meinen Schl _ ssel verloren.

Welche Buchstaben passen hier?
Diphthonge: ei - au - eu - Ei - Au - Eu

2

1. Ich esse _ _ ch _ _n _ _s.

2. H _ _ te fahren wir w _ _ ter.

3. Wir k _ _ fen k _ _ n _ _ to.

4. M _ _ ne Fr _ _ nde haben _ _ n H _ _ s.

5. Das Kl _ _ d ist zu t _ _ er.

6. Wir haben zw _ _ Lampen n _ _ gek _ _ ft.

7. _ _ ne M _ _ s sitzt _ _ f dem Tisch!

8. In D _ _ tschland gibt es Hundest _ _ er.

9. Im K _ _ fh _ _ s sind die Kl _ _ der nicht t _ _ er.

10. S _ _ ne Fr _ _ ist H _ _ sfr _ _ .

11. Der W _ _ n ist f _ _ n.

12. Er kommt h _ _ te um n _ _ n Uhr.

13. Ist es w _ _ t oder kann man l _ _ fen?

14. Die Sonne sch _ _ nt h _ _ te.

15. Die _ _ fgabe ist l _ _ cht.

16. Das kostet t _ _ send _ _ ro.

Welche Buchstaben passen hier?
ß - ss

3

1. Die Stra __ e ist lang.

2. Das Kla __ enzimmer ist gro __ .

3. Wir e __ en Fleisch mit So __ e.

4. Das Wa __ er ist na __ .

5. Die Ta __ e ist bunt.

6. Viele Grü __ e an Ihre Frau.

7. Die Ma __ e vom Schrank sind 2 x 1,50 Meter.

8. Der Rhein ist ein gro __ er Flu __ .

9. Wir müssen den Pa __ an der Grenze zeigen.

10. Mein Fu __ tut weh, ich kann nicht gut laufen.

11. Ich esse Döner vom Imbi __ .

12. Wir bezahlen an der Ka __ e.

13. Die Gro __ eltern sind Oma und Opa.

14. Der Kaffee ist in der Ta __ e.

15. Wir wi __ en nicht alles.

16. Elif gie __ t die Blumen.

Welche Buchstaben passen hier? ei - ie - Ei

4

1. Wir wollen v __ l R __ s __ nkaufen.

2. Zw __ kl __ ne Kinder tragen w __ ße Kl __ der.

3. W __ v __ le Kinder haben S __ ?

4. Ich esse n __ Zw __ beln.

5. N __ n, ich trinke k __ nen W __ n.

6. Im Zoo gibt es v __ le T __ re.

7. D __ B __ ne l __ fert guten Honig.

8. Ali macht __ ne R __ se in die Türk __ .

9. Willst du __ n __ oder zw __ __ er essen?

10. D __ Z __ ge w __ gt s __ bzehn Kilo.

11. L __ st du morgens d __ Z __ tung?

12. Bitte __ n kl __ nes B __ r!

13. N __ n, ich habe k __ ne Z __ t.

14. M __ ne Hausnummer ist s __ benunds __ bzig.

15. Der Schnee ist w __ ß.

16. L __ der kann er nicht kommen, er ist krank.

Welche Buchstaben passen hier?   au - äu - Au - Äu

5

1. Gefällt dir dieses H __ s? - Ja, die H __ ser gefallen mir alle.

2. Siehst du dort zwei M __ se? - Nein, ich sehe nur eine M __ s.

3. Dieser Verk __ fer kann sehr gut verk __ fen.

4. Sara l __ ft gern in der Mittagspause. Manchmal l __ fen wir mit.

5. An dem Geb __ de b __ en wir jetzt schon vier Monate.

6. Manchmal tr __ me ich komische Sachen.

7. Heute Nacht hatte ich einen schönen Tr __ m.

8. Die Party ist sehr l __ t.

9. Wir l __ ten an seiner Tür.

10. Im Wald stehen viele B __ me.

11. Im Garten ist ein alter Apfelb __ m.

12. Ich muss die Wohnung aufr __ men.

13. In welchem R __ m ist der Kurs?

14. Wo arbeiten Sie? Innen oder __ ßen?

15. Die Medizin darf man nur __ ßerlich anwenden.

16. Ein anderes Wort für oft ist h __ fig.

Welches Adjektiv passt? Kreuze an und schreibe die Sätze:

1

1. Der Elefant ist ...

O groß   O höflich   O grün

2. Der Zug kommt ...

O alt   O pünktlich   O schön

3. Die Sonne scheint ...

O schnell   O hell   O jung

4. Das Gras ist ...

O laut   O wach   O grün

5. Monika telefoniert ...

O gelb   O lange   O dick

6. Das Auto fährt ...

O schnell   O heiß   O kalt

7. Die Musik ist ...

O lecker   O laut   O nass

8. Die Farbe von Erdbeeren ist ...

O lecker   O rot   O blau

Welches Adjektiv passt? Kreuze an und schreibe die Sätze:

2

1. Das Kind ist ...

O klein   O tief   O fest

2. Maria kocht ...

O alt   O gut   O leer

3. Das Wetter ist ...

O grau   O schlecht   O schnell

4. Die Tomaten sind ...

O freundlich   O teuer   O geizig

5. Die Tasche ist ...

O schwer   O langsam   O hoch

6. Die Mäuse sind ...

O bunt   O unpünktlich   O grau

7. Das Essen schmeckt ...

O schlau   O lecker   O freundlich

8. Das Buch ist ...

O interessant   O weich   O rund

Welches Adjektiv passt? Kreuze an und schreibe die Sätze:

3

1. Im Winter ist es ...

O rund   O kalt   O alt

2. Der Regen ist ...

O nass   O intelligent   O müde

3. Der Ofen ist ...

O spät   O süß   O heiß

4. Der Kuchen ist ...

O lecker   O nett   O schwarz

5. Die Brille ist ...

O pünktlich   O offen   O kaputt

6. Die Bauarbeiter sind ...

O stark   O rund   O rot

7. Die Schuhe passen ...

O krank   O genau   O schnell

8. Die Rosen blühen ...

O schlecht   O alt   O gelb

Welches Adjektiv passt? Kreuze an und schreibe die Sätze:

4

1. Der Wagen fährt ...

O schnell   O blau   O hell

2. Die Suppe schmeckt ...

O grün   O laut   O salzig

3. Das Hemd ist ...

O lecker   O bunt   O dumm

4. Bitte kommen Sie ...

O pünktlich   O kurz   O klein

5. Findest du das Kleid ...

O gesund?   O schön?   O gelb?

6. Die Enten sind ...

O rosa   O fett   O schnell

7. Der Salat ist ...

O kurz   O schlau   O frisch

8. In der Nacht ist es ...

O billig   O dunkel   O alt

Welches Adjektiv passt? Kreuze an und schreibe die Sätze:

5

1. Die Aufgabe ist ...

O leicht　　　　　　O verheiratet　　　　O leise

2. Die Miete ist ...

O krank　　　　　　O teuer　　　　　　O herzlich

3. Der Garten ist ...

O grau　　　　　　O heiß　　　　　　　O groß

4. Das Messer ist ...

O sauer　　　　　　O scharf　　　　　　O weiblich

5. Die Zeitung ist ...

O interessant　　　　O intelligent　　　　O geschieden

6. Seine Augen sind ...

O lila　　　　　　　O blau　　　　　　　O verrückt

7. Der Chef ist ...

O teuer　　　　　　O nett　　　　　　　O frisch

8. Die Stiefel sind ...

O warm　　　　　　O gesund　　　　　　O freundlich

Welche Satzteile passen zusammen? Schreibe die Sätze richtig.

1

1. Im Wald   A. am Computer

2. Wir sitzen   B. nach Italien.

3. Monika fährt   C. sind viele Bäume.

4. Komm bitte nicht   D. Eva Meier.

5. Meine Nachbarn   E. im Café.

6. Ali arbeitet   F. gern Auto.

7. Ich heiße   G. zu spät!

8. Er macht eine Reise   H. sind nett.

| 1 | 2 | 3 | 4 | 5 | 6 | 7 | 8 |

....

....

....

....

....

....

....

Welche Satzteile passen zusammen? Schreibe die Sätze richtig.

2

1. Warum schläft   A. keine Kinder.

2. Die Hausfrau kocht   B. Mustafa.

3. Im August ist   C. Ina so lange?

4. Die Kinder gehen   D. das Essen.

5. Das Sofa ist   E. ins Schwimmbad.

6. Wir haben   F. ist nicht schwer.

7. Der Vorname ist   G. im Wohnzimmer.

8. Nein, der Koffer   H. es heiß.

| 1 | 2 | 3 | 4 | 5 | 6 | 7 | 8 |

....

....

....

....

....

....

....

Welche Satzteile passen zusammen? Schreibe die Sätze richtig.

3

1. Der Salat   A. ins Heft.

2. Die Enten sind   B. in der Badewanne.

3. Kannst du   C. viele Freunde.

4. Galina hat   D. schmeckt gut.

5. Wir schreiben   E. bitte um 15 Uhr.

6. Die Bluse   F. auf dem See.

7. Kommen Sie   G. Türkisch sprechen?

8. Die Kinder baden   H. ist bunt.

| 1 | 2 | 3 | 4 | 5 | 6 | 7 | 8 |

....

....

....

....

....

....

....

Welche Satzteile passen zusammen? Schreibe die Sätze richtig.

4

1. Karin kauft Tomaten
2. Ali spielt gern
3. Die Zitronen
4. Im Januar ist
5. Kannst du bitte
6. Ich schreibe
7. Der Kühlschrank ist
8. Alexander fährt

A. in der Küche.
B. mit dem Fahrrad.
C. mit dem Bleistift.
D. im Supermarkt.
E. Fußball.
F. es kalt.
G. sind sauer.
H. das Fenster zumachen?

1	2	3	4	5	6	7	8

....

....

....

....

....

....

....

Welche Satzteile passen zusammen? Schreibe die Sätze richtig.

5

1. In der Nacht   A. brauchen wir einen Schirm.

2. Ich koche Nudeln   B. aus der Türkei.

3. Wir essen Suppe   C. im Schlafzimmer.

4. Das Bett ist   D. mit Tomatensoße.

5. Das Wochenende ist   E. den Radiergummi!

6. Wenn es regnet,   F. mit dem Löffel.

7. Gib mir bitte   G. am Samstag und am Sonntag.

8. Elif kommt   H. ist es dunkel.

1	2	3	4	5	6	7	8

....

....

....

....

....

....

....

Bilde Komposita (zusammengesetzte Nomen).

1

Abend-   Quadrat-   Haus-   Winter-   Kredit-   Zahn-

-meter   -karte   -bürste   -essen   -frau   -pullover

1.................................... 2....................................
3.................................... 4....................................
5.................................... 6....................................

Auto-   Bahn-   Hand-   Arbeits-   Kilo-   Kranken-

--schuh   -lohn   -schwester   -hof   -bahn   -meter

1.................................... 2....................................
3.................................... 4....................................
5.................................... 6....................................

Bilde Komposita (zusammengesetzte Nomen):

2

Blei-   Doppel-   Wochen-   Sonnen-   Haus-   Fuß-

-ende   --ball   -stift   -zimmer   -schlüssel   -blume

1..2..
3..4..
5..6..

Ehe-   Familien-   Geburts-   Apfel-   Zahn-   Sport-

-pasta   -saft   -tasche   -paar   -name   -tag

1..2..
3..4..
5..6..

Bilde Komposita (zusammengesetzte Nomen):

3

Kranken-   Bank-   Topf-   Schuh-   Gemüse-   Kuh-

-konto   -suppe   -schrank   -milch   -pflanze   --wagen

1..2..
3..4..
5..6..

Haus-   Sofa-   Arbeits-   Winter-   Obst-   Wand-

-jacke   -stelle   -laden   -uhr   -aufgabe   -kissen

1..2..
3..4..
5..6..

Bilde Komposita (zusammengesetzte Nomen):

4

| Kleider- | Straßen- | Tomaten- | Fernseh- | Brief- |
| -sessel | -schrank | -marke | -salat | -bahn |

1.. 2..
3.. 4..
5.. 6..

| Büro- | Bilder- | Damen- | Apfel- | Haus- | Uhr- |
| -zeit | -bluse | -stuhl | -mann | -baum- | -rahmen |

1.. 2..
3.. 4..
5.. 6..

Bilde Komposita (zusammengesetzte Nomen):

5

Kinder-   Blumen-   Zigaretten-   Rad-   Kinder-   Arbeits-
-vase   -fahrer   -wagen   -automat   -zimmer   -platz

1..2..
3..4..
5..6..

Radio-   Haupt-   Mittag-   Armband-   Kaffee-   Deutsch-
-kanne   -uhr   - wecker   -lehrer   -stadt   -essen

1..2..
3..4..
5..6..

Welches Wort passt? Setze diese Wörter zum Thema Möbel an den passenden Stellen ein.

1

Sofa   Bett   Esstisch   Kleiderschrank   Stühle   Kommode

Vitrine   Regal   Schuhschrank   Schreibtisch

1. Die ganze Familie sitzt am _____ beim Mittagessen.

2. Vera hat sehr schöne Gläser in der _____.

3. Das Kind sitzt am _____ und macht Hausaufgaben.

4. Wir haben viele Bücher. Sie stehen im _____.

5. Mein ____ ist blau und steht im Wohnzimmer.

6. Ich brauche einen neuen _____. Ich habe so viele Blusen, Kleider und Hosen.

7. Im Flur ist der _____. Dort sind viele Stiefel, Turnschuhe und Sandalen.

8. Ich schlafe gut in meinem ____, meine Matratze ist gut.

9. Peter hat einen Tisch und vier _____ gekauft.

10. Wo sind die Handtücher? Hier in der _____.

Welches Wort passt? Setze diese Wörter zum Thema Obst und Gemüse an den passenden Stellen ein:

2

Karotten   Kopfsalat   Zitronen   Tomaten

Kartoffel   Kirschen   Erdbeeren   Wassermelone

Äpfel   Zwiebel

1. Wenn es heiß ist, kaufen wir eine große, grüne _____.

2. Die roten, süßen _____ muss man vom Baum holen.

3. Diese Früchte wachsen an der Erde, deshalb heißen sie _____.

4. Die Hasen fressen gern _____.

5. _____ sind gelb und sauer.

6. Die Kinder essen gern Spaghetti mit _____soße.

7. Sie sind braun und wachsen im Boden. Ich esse _____ gern als Salat oder in der Suppe.

8. Sie sind rot, grün oder gelb. _____ sind gesund.

9. Er ist grün und hat viele Blätter: _____.

10. Für den Salat schneide ich eine _____.

Welches Wort passt? Setze diese Wörter zum Thema Kleidung an den passenden Stellen ein:

3

Hose   Hemd   Hut   Bluse   Kleid   Schuhe

Schal   Mantel   Jacke   Schlafanzug

1. Im Winter ist es kalt, dann trage ich einen _ _ _ _ _ _.

2. Der Pulli ist rot, die _ _ _ _ ist blau.

3. In der Nacht tragen wir einen _ _ _ _ _ _ _ _ _ _ _.

4. Zur Hochzeit meiner Cousine habe ich ein neues _ _ _ _ _ an.

5. Die Jacke ist schwarz. Dazu trägt Lisa einen bunten _ _ _ _ _.

6. Der _ _ _ ist auf dem Kopf.

7. Zu Hause trägt Ali immer T-shirts, aber zur Arbeit in der Bank hat er ein weißes _ _ _ _ an.

8. Männer tragen ein Hemd, Frauen eine _ _ _ _ _.

9. Welche _ _ _ _ _ _ ziehst du zum schwarzen Kleid an? Natürlich schwarze.

10. Es ist schon etwas kühl heute Abend. Ich nehme lieber eine _ _ _ _ _ mit.

Welches Wort passt? Setze Wörter zum Thema Schreibwaren an den passenden Stellen ein:

4

Bleistift   Radiergummi   Mäppchen   Spitzer   Heft

Kuli   Füller   Buntstifte   Textmarker   Locher

1. Der Bleistift ist nicht mehr spitz. Du brauchst einen _ _ _ _ _ _ _ _.

2. In der Schule schreiben die Kinder mit dem _ _ _ _ _ _ _.

3. Schreiben Sie bitte die Sätze ins _ _ _ _.

4. Kannst du diese Figuren anmalen? Hier sind die

   _ _ _ _ _ _ _ _ _ _.

5. Alle Stifte sind in einem _ _ _ _ _ _ _ _.

6. Markieren Sie die Wörter mit Umlaut mit dem _ _ _ _ _ _ _ _ _ _.

7. Wenn du mit dem _ _ _ _ _ _ _ _ _ schreibst, kannst du

   radieren.

8. Gib mir bitte den _ _ _ _ _ _ _ _ _ _ _ _ , ich habe einen Fehler.

9. Das Kurzwort für Kugelschreiber ist _ _ _ _.

10. Ich brauche den _ _ _ _ _ _. Ich will die Blätter lochen und in

    den Ordner einheften.

Welches Wort passt? Setze diese Wörter zum Thema Berufe an den passenden Stellen ein:

5

Lehrer   Maler   Bauer   Verkäufer   Frisörin   Arzt

Bedienung   Maurer   Krankenschwester   Taxifahrer

1. Er hilft kranken Menschen, damit sie gesund werden: _ _ _ _

2. Er baut die Mauern für ein Haus: _ _ _ _ _ _

3. Sie pflegt kranke Menschen im Krankenhaus.

_ _ _ _ _ _ _ _ _ _ _ _ _ _ _

4. Er fährt dich schnell zum Flughafen: _ _ _ _ _ _ _ _ _ _

5. Er unterrichtet Schüler, die etwas lernen wollen: _ _ _ _ _ _

6. Sie bringt das Essen im Restaurant: _ _ _ _ _ _ _ _ _

7. Sie schneidet deine Haare: _ _ _ _ _ _ _ _

8. Er streicht die Wände mit Farbe: _ _ _ _ _

9. Er hat Land und pflanzt zum Beispiel Gemüse. _ _ _ _ _

10. Er kann dir etwas verkaufen: _ _ _ _ _ _ _ _ _

Ein Wort im Satz ist zu viel. Finde das Wort und schreibe einen Satz mit allen überflüssigen Wörtern.

1

1. Paul fährt im Urlaub wenn nach Spanien. ....

2. Nimm einen Schirm mit, am es regnet! ....

3. Kannst du bitte die Tür Himmel zumachen? ....

4. Wir lesen ein die gutes Buch. ....

5. Asma isst in der Pause Sonne ein Brötchen. ....

6. Olaf schreibt scheint einen Brief an seine Frau. ....

7. Es regnet ist schon seit zwei Tagen. ....

8. Ich kann mein Handy es nicht finden! ....

9. In diesem Haus auf wohnen nette Leute. ....

10. Die Kinder spielen mit der dem Ball. ....

11. Berlin ist die Hauptstadt von Erde Deutschland. ....

12. Zum Frühstück schön trinkt er immer Kaffee. ....

13. Anna arbeitet am warm Computer. ....

Wie heißen die überflüssigen Wörter? Schreibe den Satz:

....

Ein Wort ist zu viel. Finde das Wort und schreibe einen Satz mit allen überflüssigen Wörtern.

2

1. Was kochst du wenn heute? ....

2. Ralf spielt du Gitarre und singt. ....

3. Viele Leute spielen mich Lotto. ....

4. Wir machen am Urlaub in der Türkei. ....

5. Sara hat ein nächsten rotes Auto. ....

6. Der Lehrer liest Wochenende einen Text. ....

7. Frankreich liegt besuchst in Europa. ....

8. Meine Schwester und ich gehen ins können Kino. ....

9. Ich habe am wir Sonntag Zeit. ....

10. Danke, ich vielleicht möchte keinen Tee. ....

11. Das Sofa ist im ins Wohnzimmer. ....

12. Unsere Wohnung hat drei Kino Zimmer. ....

13. Im Garten sind gehen viele Blumen. ....

Wie heißen die überflüssigen Wörter? Schreibe den Satz:

....

In jedem Satz ist ein Wort zu viel. Finde die Wörter und schreibe einen Satz mit allen überflüssigen Wörtern.

3

1. Wir schreiben kannst mit dem Bleistift. ....

2. Die Schuhe sind du im Flur. ....

3. Anna mir kann gut kochen. ....

4. Ich bitte gehe zum Bahnhof. ....

5. Die Blumen auch sind im Garten. ....

6. Auf der Autobahn kann eine man schnell fahren. ....

7. In Österreich spricht man Tasse Deutsch. ....

8. Wir kaufen Medizin Kaffee in der Apotheke. ....

9. Mustafa hat mit Husten und Grippe. ....

10. Die Kinder essen Milch gern Schokolade. ....

11. Der Elefant ist und grau. ....

12. Es ist schon drei Zucker Uhr. ....

13. Musa liest geben die Zeitung. ....

Wie heißen die überflüssigen Wörter? Schreibe den Satz:

....

In jedem Satz ist ein Wort zu viel. Finde das Wort und schreibe einen Satz mit allen überflüssigen Wörtern.

4

1. Ich kaufe wir Nudeln im Supermarkt. ....

2. Kannst du mir essen bitte helfen? ....

3. Der Kühlschrank Kartoffelsalat ist in der Küche. ....

4. Im Sommer mit grillen wir gern. ....

5. Gehst du mit Zwiebeln ins Schwimmbad? ....

6. Maria hat zwei Gurken Kinder. ....

7. Die Hauptstadt Petersilie von Österreich ist Wien. ....

8. Uwe hat drei gekochten Brüder. ....

9. Gestern hat es Eiern geregnet. ....

10. Leider kann ich und nicht kommen. ....

11. Der Termin ist um anderen vierzehn Uhr. ....

12. Die Wohnung hat guten vier Zimmer. ....

13. Bitte überweisen Sie Sachen das Geld. ....

Wie heißen die überflüssigen Wörter? Schreibe den Satz:

....

In jedem Satz ist ein Wort zu viel. Finde das Wort und schreibe einen Satz mit allen überflüssigen Wörtern.

5

1. Trinken Sie gern im schwarzen Tee? ....

2. Im Sommer ist der Zoo Himmel blau. ....

3. Die Rosen sind können gelb, rot oder rosa. ....

4. Zucker wir schmeckt süß. ....

5. Wir kaufen Brot beim Affen Bäcker. ....

6. Vier und vier ist Löwen acht. ....

7. Silvia hat Elefanten Kopfschmerzen. ....

8. In der Pause rauchen viele Giraffen Leute. ....

9. Nina liest die und Zeitung. ....

10. Frau Müller hat eine viele neue Wohnung. ....

11. Gabi und Linda gehen andere spazieren. ....

12. An der Nordsee ist es Tiere windig. ....

13. Die Maus ist sehen im Keller. ....

Wie heißen die überflüssigen Wörter? Schreibe den Satz:

....

Welches Wort **klingt** so ähnlich? Finde das Wort mit dem gleichen Klang am Ende:

1

Tintenfisch   kaufen   miserabel   Klingelton   abgebrochen   fragen

1. Isst du Suppe mit der Gabel,

    geht das meistens ....

2. Krabben, Seelachs, ...

    Meerestiere auf den Tisch!

3. In meinem neuen Telefon

    ist ein neuer ....

4. Jetzt muss ich zum Bäcker laufen

    und mir eine Brezel ....

5. Ich bin durch den Zaun gekrochen,

    da ist eine Latte ....

6. Alleine kann ich das nicht tragen,

    ich muss meine Freundin ....

Lies die Sätze laut und höre auf den Reim!

Welches Wort klingt so ähnlich? Finde das Wort mit dem gleichen Klang am Ende.

2

hin   Traum   gedacht   sein   morgen   schenken

1. Was du heute kannst besorgen,

   das verschiebe nicht auf ....

2. Wochenende, Sonnenschein,

   jetzt möchte ich zu Hause ....

3. Ich fahre morgen nach Berlin,

   da will ich schon lange ....

4. Du solltest heute an mich denken

   und mir etwas Schönes ....

5. Nachts bin ich oft aufgewacht

   und habe dann an dich ....

6. Ich schlafe unter dem Apfelbaum

   und habe einen schönen ....

Lies die Sätze laut und höre auf den Reim!

Welches Wort **klingt** so ähnlich? Finde die Wörter mit dem gleichen Klang am Ende.

3

dick   Ahnung   besser   kann   Päckchen   Tomatensoße

1. Mit einem scharfen Messer

   schneidest du das ………………………

2. Ach, auf meiner guten Hose

   ist ein Fleck! ………………………!

3. Meine Frau ist schick,

   nur ein bisschen ………………………

4. Ich trage das Säckchen

   und du trägst das ………………………

5. Wo ist der Mann,

   der alles ………………………?

6. Wir bekommen eine Mahnung.

   Warum denn? Keine ………………………!

Lies die Sätze laut und höre auf den Reim.

Welches Wort klingt so ähnlich? Finde das Wort mit dem gleichen Klang am Ende:

4

stehlen   Name   Brot   weh   Motor   mehr

1. In der allergrößten Not

   isst man die Wurst auch ohne ....

2. Das Auto fährt jetzt vor.

   Man hört schon den ....

3. Das Handy würde mir fehlen.

   Das darf mir keiner ....

4. Mein rechter kleiner Zeh

   tut mir jetzt plötzlich ....

5. Der Kuchen schmeckt mir sehr,

   ich hätte gern noch ....

6. Ich kenne diese Dame.

   Wie war noch mal der ....?

Lies die Sätze laut und höre auf den Reim.

Welches Wort klingt so ähnlich? Finde das Wort mit dem gleichen Klang am Ende:

5

besetzt   Spitze   Kragen   Schloss   Butter   Lieder

1. Ich muss dir etwas sagen:

    Da ist ein Fleck am ....

2. Wir treffen uns immer wieder

    und singen zusammen ....

3. Der Arzt hat eine Spritze

    mit einer scharfen ....

4. Du kommst jetzt zuletzt

    und alle Plätze sind ....

5. Meine liebe Mutter

    gibt mir Brot und ....

6. Der Ritter auf dem Ross

    reitet zu seinem ....

Lies die Sätze laut und höre auf den Reim.

Lösungen

Seite 4   **Welche Buchstaben passen? 1**

1. ä,ö   2. ä,ä,ö   3. ü, Ä   4. Ü   5. ä, ü   6. ä   7. ö, ö   8. ü, ä   9. ü, ü
10. ä, ö   11. ü, ö   12. ü   13. ä, ä   14. ü   15. ü   16. ü

Seite 5   **Welche Buchstaben passen ? 2**

1. au, ei, Ei   2. eu, ei   3. au, ei, Au   4. ei, eu, ei, au   5. ei, eu   6. ei, eu, au   7. Ei, au, au   8. eu, eu   9. au, au, ei, eu   10. ei, au, au, au   11. ei, ei   12. eu, eu   13. ei, au   14. ei, eu   15. Au, ei   16. au, Eu

Seite 6   **Welche Buchstaben passen? 3**

1. ß   2. ss, ß   3. ss, ß   4. ss, ss   5. ss   6. ß   7. ß   8. ß, ss   9. ss
10. ß   11. ss   12. ss   13. ß   14. ss   15. ss   16. ß

Seite 7   **Welche Buchstaben passen? 4**

1. ie, ei, ei   2. ei, ei, ei, ei   3. ie, ie, ie   4. ie, ie   5. ei, ei, ei   6. ie, ie
7. ie, ie, ie   8. ei, ei, ei   9. ei, Ei, ei, Ei   10. ie, ie, ie, ie   11. ie, ie, ei
12. ei, ei, ei   13. ei, ei, ei   14. ei, ie, ie   15. ei   16. ei

Seite 8   **Welche Buchstaben passen? 5**

1. au, äu   2. äu, au   3. äu, au   4. äu, au   5. äu, au   6. äu   7. au   8. au
9. äu   10. äu   11. au   12. äu   13. au   14. au   15. äu   16. äu

Seite 9   **Welches Adjektiv passt? 1**

1. groß   2. pünktlich   3. hell   4. grün   5. lange   6. schnell   7. laut
8. rot

Seite 10   **Welches Adjektiv passt? 2**

1. klein   2. gut   3. schlecht   4. teuer   5. schwer   6. grau   7. lecker
8. interessant

Seite 11   **Welches Adjektiv passt? 3**

1. kalt   2. nass   3. heiß   4. lecker   5. kaputt   6. stark   7. genau
8. dunkel

Seite 12   **Welches Adjektiv passt? 4**

1. schnell   2. salzig   3. bunt   4. pünktlich   5. schön   6. fett   7. frisch
8. dunkel

Seite 13   **Welches Adjektiv passt? 5**

1. leicht   2. teuer   3. groß   4. scharf   5. interessant   6. blau   7. nett
8. warm

Seite 14   **Welche Satzteile passen zusammen? 1**

1 - C,   2-E,   3-F,   4-G,   5-H,   6-A,   7-D,   8-B

Seite 15   **Welche Satzteile passen zusammen? 2**

1-C,   2-D,   3-H,   4-E,   5-G,   6-A,   7-B,   8-F

Seite 16   **Welche Satzteile passen zusammen? 3**

1-D,   2-F,   3-G,   4-C,   5-A,   6-H,   7-E,   8-B

Seite 17   Welche Satzteile passen zusammen? 4

1-D,   2-E,   3-G,   4-F,   5-H,   6-C,   7-A,   8-B

Seite 18   Welche Satzteile passen zusammen? 5

1- H,   2-D,   3-F,   4-C,   5-G,   6-A,   7-E,   8-B

Seite 19   **Bilde Komposita 1**

Abendessen, Quadratmeter, Hausfrau, Winterpullover, Kreditkarte, Zahnbürste
Autobahn, Bahnhof, Handschuh, Arbeitslohn, Kilometer, Krankenschwester

Seite 20   **Bilde Komposita 2**

Bleistift, Doppelzimmer, Wochenende, Sonnenblume, Hausschlüssel, Fußball

Ehepaar, Familienname, Geburtstag, Apfelsaft, Zahnpasta, Sporttasche

Seite 21   **Bilde Komposita 3**

Krankenwagen, Topfpflanze, Schuhschrank, Gemüsesuppe, Kuhmilch

Hausaufgabe, Sofakissen, Arbeitsstelle, Winterjacke, Obstladen, Wanduhr

Seite 22   **Bilde Komposita 4**

Kleiderschrank, Straßenbahn, Tomatensalat, Fernsehsessel, Briefmarke

Bürostuhl, Bilderrahmen, Damenbluse, Apfelbaum, Hausmann, Uhrzeit

Seite 23   **Bilde Komposita 5**

Kinderwagen, Blumenvase, Zigarettenautomat, Radfahrer, Kinderzimmer, Arbeitsplatz

Radiowecker, Hauptstadt, Mittagessen, Armbanduhr, Kaffeekanne, Deutschlehrer

Seite 24   **Welches Wort passt? 1**

1. Esstisch   2. Vitrine   3. Schreibtisch   4. Regal   5. Sofa
6. Kleiderschrank   7. Schuhschrank   8. Bett   9. Stühle   10. Kommode

Seite 25   **Welches Wort passt? 2**

1. Wassermelone   2. Kirschen   3. Regal   4. Sofa   5. Zitronen
6. Tomaten   7. Kartoffel   8. Äpfel   9. Kopfsalat   10. Zwiebel

Seite 26   **Welches Wort passt? 3**

1. Mantel   2. Hose   3. Schlafanzug   4. Kleid   5. Schal   6. Hut
7. Hemd   8. Bluse   9. Schuhe   10. Jacke

Seite 27   **Welches Wort passt? 4**

1. Spitzer   2. Füller   3. Heft   4. Buntifte   5. Mäppchen   6. Textmarker
7. Bleistift   8. Radiergummi   9. Kuli   10. Locher

Seite 28   **Welches Wort passt? 5**

1. Arzt   2. Maurer   3. Krankenschwester   4. Taxifahrer   5. Lehrer
6. Bedienung   7. Frisörin   8. Maler   9. Bauer   10. Verkäufer

Seite 28   **Ein Wort im Satz ist zu viel.1**

Lösungssatz: Wenn am Himmel die Sonne scheint, ist es auf der Erde schön warm.

Seite 29   **Ein Wort im Satz ist zu viel. 2**

Lösungssatz: Wenn du mich am nächsten Wochenende besuchst, können wir vielleicht ins Kino gehen.

Seite 30   **Ein Wort im Satz ist zu viel. 3**

Lösungssatz: Kannst du mir bitte auch eine Tasse Kaffee mit Milch und Zucker geben?

Seite 31   **Ein Wort im Satz ist zu viel. 4**

Lösungssatz: Wir essen Kartoffelsalat mit Zwiebeln, Gurken, Petersilie, gekochten Eiern und anderen guten Sachen.

Seite 32   **Ein Wort im Satz ist zu viel. 5**

Lösungssatz: Im Zoo können wir Affen, Löwen, Elefanten, Giraffen und viele andere Tiere sehen.

Seite 33   **Finde das Reimwort 1**

1. miserabel   2. Tintenfisch   3. Klingelton   4. kaufen   5. abgebrochen
6. fragen

Seite 34   **Finde das Reimwort 2**

1. morgen   2. sein   3. hin   4. schenken   5. gedacht   6. Traum

Seite 35   **Finde das Reimwort 3**

1. besser   2. Tomatensoße   3. dick   4. Päckchen   5. kann   6. Ahnung

Seite 36   **Finde das Reimwort 4**

1. Brot   2. Motor   3. stehlen   4. weh   5. mehr   6. Name

Seite 37   **Finde das Reimwort 5**

1. Kragen   2. Lieder   3. Spitze   4. besetzt   5. Butter   6. Schloss

Lernquiz 2

Zielgruppen:

Deutschlernende in Integrationskursen oder anderen Deutschkursen, besonders in Alphabetisierungskursen.
Die Übungsformen motivieren, weil sie abwechslungsreich sind, gleichzeitig lernen die schulungewohnten Teilnehmer viele verschiedene Lernformen kennen. Nach dem Lesenlernen werden hier Vorstufen der späteren Lehrwerksübungsformen trainiert.

Didaktische Überlegungen:

Grundwortschatz wird geübt, im A1-Bereich.
Die Lerner werden angeregt, die Schreibweise der Wörter genauer zu betrachten, neue Übungsformen zu erlernen, sich mit den Bedeutungen der Wörter auseinanderzusetzen. Erste Wortfelder, schwierige Buchstaben und Buchstabenkombinationen, Wortbildung, auch der Klang der Wörter sind Thema der Übungen. Die Übung: "Ein Wort im Satz ist zu viel." soll ansatzweise ein Gefühl für den Satz entwickeln.

Einsatz im Unterricht:

Ideal als Einstiegsübung am Morgen, sozusagen zum Warmlaufen. Auch zur Auflockerung zwischendurch, als Hausaufgabe oder Ferienaufgabe, auch für besonders fitte Teilnehmer als Extraaufgaben. Gruppenarbeit oder Einzelarbeit ist möglich.

Selbstlernen:

Durch den übersichtlichen Lösungsteil ist das Heft auch gut zum Selbstlernen geeignet, zum Üben von Wortschatz und Rechtschreibung.

www.ingramcontent.com/pod-product-compliance
Lightning Source LLC
LaVergne TN
LVHW082243060526
838201LV00053B/1824